JN439151

낭만적인 악수

권순자 시집

포엠포엠 시인선 004

낭만적인 악수

권순자 시집

■ 시집 속 사진 / 권영동 작가. 한국사진작가협회 회원

시인의 말

여기 낯선 벌레의 자국이 있다
삶이 아프게
외롭게 고달프게
기어간 흔적이 기록되었다
나비를 꿈꾼 벌레
더딘 산책은 벌레가 선택한 본연의 탐색이었으리라

2012년 겨울

권 순 자

■ 차 례

1부

2부

3부

4부

1부

심장을 뛰게 하려고

심장을 뛰게 하려고 당신이 왔네
차가운 심연에서 부는 바람을 재우러
당신이 노래를 부르며 왔네

어지러운 이승에
애달픈 사랑 심으러 왔네
얼어붙은 심장을 뛰게 하려고
궁벽한 목숨 한끝으로
밀애를 한 떨기 피우러
붉은 문 열고
당신이 왔네

훈훈한 입김에
사무치는 찬기는 서서히 멀어져갔네
영롱한 빛이 사방에 번지고
막힌 숨구멍 열리며 붉은 꽃들이 피어났네

아날로그 사랑

당신의 그늘이 너무 깊군요
뭉게구름이 눈부시게 몸집을 부풀려 가는데
저는 당신 주변만 맴도는 혹성이네요

당신을 만나러 가는 길에 꽃을 심어요
내 눈물도 함께 심지요

햇살이 서성거리면 바람은 안절부절
당신을 맴돌고

아침마다 증발하는 꿈
새들이 포르르 날아가 당신 창가에서 지저귀는데

당신은 너무 멀리 있고
당신은 내게로 불지 않는 낯선 바람

빗방울 후드득 떨어지는 소리
그립고 아픈 꽃들이 고개 떨구는 소리

당신은 너무 멀리 있고
나는 당신을 향해서 부는 붉은 바람

사랑은 눈발처럼

당신을 사랑하는 일이 힘이 듭니다
깊어가는 겨울이
한 뼘의 햇살도 남기지 않고 묻어버리고
종일 눈발만 날립니다
마음이란 바람과 같아서
당신의 눈짓에도 깃털처럼 나부낍니다
가파른 산으로 올라가는 안개처럼
스멀스멀 그대 생각으로 흘러듭니다
저 혼자 가슴속에서 깊어가는 어둠처럼
쌓여서 알알이 박히는 기억들이
하얗게 부시게 빛날 때
당신은 눈발처럼 펑펑
내 가슴에 내립니다
목소리가 울리고
눈빛이 기억으로 스며듭니다
혼자 깊어가야 하는 겨울 산처럼
당신을 사랑하는 일이
힘이 듭니다

그믐달

꽃잎이 벼랑에서 팔랑거려요
주인 잃은 거문고 줄에 바람이 스쳐요
적막한 얼굴에 차가운 웃음이 점점 자라요
당신이 무너져 내리는 건
다시 부풀어 오르기 위한 전조인 걸요

갈망이 어두워져 흐릿한 얼굴로 사라지려고 해요
당신이 잠자는 동안 태양이 허덕이며 떠올라요
밤은 우리들의 어제를 푸석하게 말려버리기도 해요

말라가는 게 당신의 얼굴만 아니에요
당신의 비린내도 말라가요
입술 사이로 번져 나오던 비릿한 신음도 말라가요
고통스러운 파릇한 절망도 누렇게 말라가는 게 보여요

파랗게 떨던 울음은 벌써 말라버린 걸요
풋풋한 붉은 사랑은
나방처럼 늙어 바람에 가루를 날린 건가요
핏기 없이 하얀 입술이
허공에 떠 가요

사랑이 왔네

기어가다가 돌부리에 걸려 낑낑거리는데
네가 날아와 손 내밀었네

떨어져 터진 복숭아는 향기가 번져
네 사랑처럼 달콤하고 사심이 없네
느림보 못난이 내게로 날아온 빛나는 날개
누추하고 가릴 것 없는 내 곁에서 춤추네

부끄러워 풀잎 뒤에 숨네
이슬이 전신을 적시고
황홀한 느낌이 가슴을 직시네

네 날개에 비치는 햇살이
누구의 눈길도 닿지 않는 깊고 응달진
낮고 낮은 내 가슴에 와 닿네

네가 찾아온 뒤 내가 붉게 물들었네

섬

일몰이 황홀하게
살벌한 시간의 체를 거치고
상처를 거부하는 울음이 수면으로 가라앉는 밤
병원 침대에 누워 구름냄새를 맡는구나

삶의 그을음이 온통 뼛속에 침전물로 남아서
바람처럼 스치는 달빛을 받네

고운 꽃 쏟아내던 때가 언제였던가
싸늘한 고양이 울음이 잉크처럼 번지는 밤
외로운 어둠의 강 위에 몸 둥둥 떠가네

차라리 헤엄쳐 갈까
저 하늘로 저 바다로
바람소리 창틈으로 물 새듯 쏟아들고
몽환처럼 서성이는 달빛이 서러워
내 몸을 핥아대는 먹먹한 그리움이 아파서

욱신거리는 온몸을 질질 끌고
내 영혼은 한 점 섬으로 떠도네

슬프고 다정한 눈동자를 보라
추락하지 않는 노래는 귀전에 출렁거리고

내 신음은 중얼거리며 날아오르네

울렁거리는 울음을 물고
밤새 뒤척이는 눈동자를 보라
허공에 바람을 물고
질척이는 섬을 보라

뱀파이어

푸른 안광에 연민의 빛이 처연하게 물든다
뜨거워진 사랑이 누군가를 사랑하게 된 사랑에
천천히 눈이 멀어
눅눅한 바람에 부르튼 입술의 물집이 터지고
의식에 자꾸 감겨오는 당신, 당신의 눈동자

찬란하게 창백한 얼굴에 느리게 가로질러 가는 우수
천 번 쯤 울다가 지쳐서
만 번 쯤 웃다가 지쳐서
문득 찾아온 황혼의 시간이 여기 있다
당신은 늙지도 병들지도 않는다
당신의 웃음은 차갑고 아프다
나는 늙어가고 야위어간다

수 십 년의 시간동안 나를 기다렸다는 당신은
여전히 늙지 않고 푸르게 웃는다

가장 달콤한 시간이 흘러가고
죽음과 맞닥뜨리는 사랑의 시간이
바람살 거칠게 내달리지만
나는 두렵지 않다
나는 당신과 함께 영원히 살아갈 준비가 되었으므로
당신의 일부가 되어
영원히 살 것이므로.

실종된 사랑

온통 비늘이 물기에 젖어 빛나고
슬픔에 젖어 빛나고
슬픔을 삼킨 입술이 붉게 떨리는 오후
파도소리는 너무 멀리에 있다

푸른 멍은 심연에서 부풀어 올라
울음소리를 사방에 밀어낸다

물방울이 아름답고 쓸쓸하게 번진다
출렁거리는 오후 햇살이
나뭇잎을 비껴가고
바람을 흔들며 소리를 낳고 또 낳고
당신의 목소리는 파묻혀
낮은 지붕아래서 울음을 켠다

불안하고 우울한 구름이 떠돌고
깊이 숨을 들이쉬며 몽상을 한다
따스한 피는 어디서 오는가
실종된 사랑은 어디서 봉두난발한 채
헤매고 있는가

저항하던 정신이 비명을 지르며
포장된 길에서 상처가 아물기를 기다리는 동안

곪은 그리움이 끊임없이 물기를 머금고
햇살에 반짝인다

어떤 유혹에도 휩쓸리지 않으려고
스러지고 떠밀려가면서도 지느러미 펄떡이며
바다의 시간을 견디는
아프고 슬픈 뼈가
젖어 눕는다
한생을 흘러 긴 밤을 뚫고 지나가는 검은 눈동자
창백한 입술의 달이 뜨고
날이 신나

사랑의 끝

쓸쓸한
사랑의 그늘에서
뜨거운 눈울음 우네

통증이 증발할 시간을 기다리다
시들고 목마른 얼굴이
햇살에 드러날 때쯤이면
날개가 불쑥 돋아
파문을 일으키며 날아가리

부비며 기대고 싶은
몸은
이탈하는 순간에야
사라진 골목으로 달리며
풋풋한 시절의 꿈을
흘리겠네

다시 쓸쓸한 모래 바람이 부네
낭자한 청춘의 꿈이
꽃잎으로 흩날리고

슬픈 사랑의 길에
뜨거운 눈울움 피네

능소화

구름이
소리를 꺼내 터뜨리고 있어요
차가운 목소리 허공에 울려요

허공을 건드리며 허공을 찌르며
허공에 하소연하며 허공에 삿대질하며
허공을 껴안다가 허공에 떠돌다가
가만히 당신의 눈을 쓰다듬지요

당신의 붉은 가슴에 잠들기 위하여
뽀송한 얼굴에 부비기 위하여
울적한 당신을 울려버리기 위하여
당신에게 손 내밀지요

내 젖은 하루를 통째로 드리지요
은밀히 가린 당신의 슬픔이 푸르게 길을 내고
젖어 흐르게 될 테지요

기다림은 시치미 떼는 시간을 핑계 대며 더디고
당신은 지친 마음 달래느라 꽃대마다
핏방울 닮은 붉은 선잠 하나씩 내달지요.

연가

수많은 눈들 중에
당신의 눈에 빠져버렸어요
그 깊게 젖은 눈에는
여름 꽃들이 피었고
벌레들 윙윙거리며 길을 안내했지요

수많은 손들 중에
당신의 손을 잡게 되었네요
가리키는 손끝에는 노을이 붉게
지상에 내리고
긴 바람 불더니 별이 뜨네요

어두운 밤
뜨거움과 목마름을 적시려
몰래 이슬이 내렸지만

젖지 못한 열정은 숯등걸 될지언정
그대 곁에 버티어
단단한 그리움으로 남을 거예요

길

눈물이 흘렀다
홰를 치는 닭들의 울음 사이로
새벽이 오고
그의 뺨에 흐르는 눈물 사이로
사랑이 왔다

누가 알 것인가
두 강이 함께 흐르다가
어느 산모퉁이에서 다시
갈라져 흐를지

세월의 한가운데서
바위들이 버티고 갈라놓을지

그 누가 말해줄 것인가
진주조개처럼 상처를 물고
침묵하는 바다 속에서만 출렁거릴지
텅 빈 창공에 차가운 달로 떠서
얼음가루를 뿌려댈지

다시
구름으로 만나 뜨거운 소나기로 쏟아질지

길은 사방으로 뻗었고
우리의 청춘은 너무 찬란해서
눈이 멀어
길이 보이지 않았다

신록

산길을 간다
온몸에 열꽃이 피고 얼얼한 가지마다
수천 개의 빛들이 솟아나던
스무 살

임이 길 떠나
붉은 달을 삼키는 무서운 현기증이 일고
아픔은 퍼런 힘줄로 전신에 뻗었다
떠난 사랑은 자꾸만 꽃잎을 피웠고
스무 살의 꽃길은 멍들어 갔다
나를 이끌어주던 궤적이 궤도 이탈한 후
버겁고 아픈 나날이 이어졌다
벗어나고픈 발버둥에
살갗마다 배어나던 그리움
패인 상처마다 돋아나던 푸른 수만 개의 깃발들

다시, 펄럭인다
전신에 푸른 반점이 번지는 오월에
신록, 그 달콤한 사랑이 번지는

휘파람

침묵을 뱉어내 봐
고요한 세상으로 네 심장 소리를
풀어내 봐

붉게 두근거리는 심장의 떨림을
둥글게 말아서 뱉어 봐
소리를 삼킨 허파가 둥글게 삭힌
숨소리 풀어 봐

침묵해온 심장의
서늘하거나 감미로운 소리
흘려보내 봐
휘몰이로 휘들어지게
애달픈 이야기 틀어내 봐

마술 또는 유혹

단 한 번의 입김으로 뜨거운 얼음이 되었다
울창한 결빙의 골짜기에
드나드는 바람
꽁꽁 묶인 채 꽃잎을 피우는 쓸쓸함, 쓸쓸한 얼음
쇠못 같은 단단한 상실감이 층층이 파문을 새기고
망설이는 정신, 부끄러운 뼈가
소란한 어둠 속을 과속하고 있다
돌이 날고 꿈꾸는 호수는 자주 부서진다
물방울이 흩어진다
투명한 물방울의 이동이 시작되었다
혼돈이 젖어 흐르고
죽음은 시간을 용해할 몰약을 준비하며
갈망하는 자들의 손을 잡는다
조각난 거울은 도처에 깨어져 빛난다

하수구로 빨려들어가는 불빛, 소용돌이
뱀은 끝까지 강렬하게 빛 속에서 몸부림치며 떨었다
불빛이 가늘게 목을 흔들며 살갗을 타고 흘렀다
향기는 언제나 환상의 단즙을 의식에 방울방울 떨어뜨리며
짙은 속삭임으로 유유히 귀속을 파고들 것이다
은밀한 그녀의 유영을 허락하는 순간
그림자가 신비한 달빛을 끌어오고
너를 감싼 푸른 의식이 검게 젖어갈 것이다

냉기가 흥건히 고여 먼지가 날개를 치며
비어둔 가슴으로 몰려올 것이다

장미

꽃대를 타고 천천히 오르네
이슬에 젖은 꽃잎 속으로 기어가네
잔주름이 수없이 이어진 연분홍 살갗에는
달콤한 샘이 이어져 있네
잠에서 깨어나 움찔하는 꽃봉오리
수줍은 햇살이 바람 따라 슬며시 들어오네
향긋한 꽃그늘에 연민이 웅크리고 있네
나는 단것을 좋아하는 먹성 좋은 진디라네
내 피에 흐르는 본능이 단것을 향해서
끊임없이 행려하게 하네

2부

샤워기

조절기만 누르면
나의 소망을 들어주었다
덕지덕지 달라붙은 피로를 씻고
삐져나오는 짜증을 미레질했다
순순히 나는 세례를 받았고
온몸 독 오른 분노와 치욕도
스르르 제 몸 말아 숨었다

어느 날
빠득대는 아픔을 눈치 채지 못한 나의
한 순간 완력으로
그만 목이 툭 부러졌다

네 아픔보다는 내 불편함이 커서
네 눈물을 보지 못하였다
이제야 비로소 너를 다시 보게 되었다

끊임없이 먼지를 씻어내던 네 손
빽빽한 쇳소리 감추며 신음 삭이던 입
내 앞에 선
참을성 많은 상처투성이 그대를 보았다
지쳤지만 일상의 걸쇠로 단단히 버티고 있는
그대 땀 젖은 등이
전등불빛에 빛나고 있었다

코카콜라

강렬한 당신이, 입술이 나를 삼킨다
나의 혀를 마비시키고
식도에 흡반을 들이댄다
전신에 흐르는 당신의 검은 입맞춤
톡 쏘는 달콤한 아픔 잊을 수 없다
날마다 좁혀드는 당신의 구애
TV 화면에서 부드럽고 강하게 교태를 부려
넘치는 짜릿한 쾌락을 기억시킨다

그대가 부르는 소리
자, 나를 마셔요
당신의 권태 구석구석을 나른하게
욕망의 허기를 달콤하게
재빨리 채워 드릴께요

당뇨가 심해진 나는
그녀의 유혹으로부터 격리되었다
밤마다 찾아드는 금단현상이
갈증을 불렀고
조급증에 사로잡혀
움켜잡는 내 안의 뿌리를 외면하고
보이지 않는 손을 향해 애걸했다
나를 날려버릴지도 모를.

문경 새재

주흘산에 오르다
눈에 싸여 차가운 정신으로 앉은
높고 높은 고개 마루
바람만 골짜기 돌아올라
소리치는 곳

당신과 나 사이 높은 경계
넘어가는 길목 눈발 깊게 깔려
미끄러운 길 조심스레 내딛는다
비탈길 넘어지고 굴러도
가는 이유는
그 너머에 당신이 있기 때문이다

주흘산 쭉쭉 뻗은 적송도
쌩쌩 불어대는 바람도
내 편이다
어서 가거라 힘들어도
걷다 보면
맘에 그리던 곳 다가올 테니

끝없는 고갯길에 마주친
주흘문 막걸리집
조껍데기 노란 술과 난롯불에
젖은 발 데워
그대에게로 서둘러 가는 길.

가을편지

달빛이 흐른다
강물에 떠가는 지난날의 낙엽들,
달빛 출렁이며 심장 중심을 흘러가는 지난날의 강
고장 난 테이프처럼 같은 소절이 되풀이되어 흐르고
그대 안에 갇혀 있던 내 그림자도 출렁이며 흐른다

결코 자유로울 수 없던 청춘의 사각 링
나는 증오와 배신에 얻어맞았다
살가운 웃음으로 포장한 나날의 젊은 배신은
나를 찬바람 부는 거리로 내몰았다

거리의 불야성은 자꾸만 나를 유혹하였다
숨 막히는 현실의 소용돌이는
빌딩 숲 거대한 불빛에 성선이 되어
불신의 알을 낳았고
가라앉은 어둔 골목을 타고 검은 물고기 떼 흘렀다

골목마다 어둠의 바람이 불었고
허름한 음식점 수족관에 잡힌 몸 되었다
회복할 수 없는 사랑 때문에
밤마다 차가운 달빛을 마시며 버둥댔다

짙은 그늘마다 피어나던 아픔이 자욱해질 때

달빛에 싸늘히 밤의 침묵을 틈 타
붉디붉게 타들어간 청춘의 심장이 터져
나뭇가지마다 달아놓았다

천상에 띄우는 편지 수백 통이
바람에 날리고 더러는 하늘 끝까지 소용돌이치며 올랐다

안부

그대에게 쪽지를 보내노라
오월의 연두빛 빛나는 메시지를
더러는 길 가다가 다른 곳으로 흩어지겠지
더러는 행인들의 가슴에 깃들겠지

그대 그동안 잘 있었는가
새들이 밤마다 졸던 시간에
홀로 깨어
날개 푸드덕거리며 잠 못 이룬 작은 새
그대 잘 있었는가

세상에 비 내릴 때
헝클어진 생각들이 젖어 천천히 흐르고
그대 향한 그리움은 땅속으로 깊이 숨어들던 것을

한 치 앞도 안 보이는 짙은 안개 속을
헤집던 발길 온전하였는가
흐르는 모든 물길이 낮은 가슴으로만
마른 가슴으로만 스며 흐르는 것을

길마다 이어져 시간의 물레방아 돌리며
길모퉁이에서 눈물짓던 바람 한줄기
그대 보았는가

초록빛 메아리를 햇살에 부수던
그 젖은 목소리 들었는가

그대가 보고 싶다

그대는 멀리 있네
내 손이 닿을 수 없는 곳에
내 눈이 미칠 수 없는 곳에

그리움이 젖어 어둠에 흔들리는 밤
가로수 앙상한 가지에
달빛 달고 마른 잎들 파랗게 떨고 있네
너무 추워
달빛은 처연히 나무들 싸안고 있네

당신이 그리워
외로운 꿈을 꾸는 이 밤
당신이 너무 멀리 있어
아무것도 걸치지 못한 나뭇가지처럼
떨고 있네

허공 끝에서 빛나는 달
나는 발을 구르며 추운 밤길을 걷네
어둠의 자락이 짙게 깔리어
달빛을 갉아 먹는 어둠과
나를 갉아 먹는 그리움과
외로움과
당신에게 다가갈 수 없는 내 슬픔과
걷네

선운사

선운사엘 갔지요
동백 보러 갔지요
사월인데도 동백은 몇 개
봉오리로 바람에 흔들리고요
다른 꽃은 피지 않았는데
사람들이 많데요

선운사엘 갔지요
님 찾아 갔지요
동백은 꽃술 감춘 채, 웃지 않았고
흐르는 물소리 냉랭한데
골바람이 치맛자락 날리고
휑하니 가데요

눈부신 것은 아픔을 품고 있네

한사람이 왔네
맨발의 까칠한 사랑

외로운 자리는 바람이 흘러드네
머물고픈 자리는 언제나 흐르는 자리
지엄한 꽃 당신은 내 눈동자에 아픔을 새기네
잊혔던 꿈이 되살아나 어둠 속에서 빛나네

너는 먼 구름처럼 아득하더니
구름에 비친 햇살이 노을로 붉게 타오르고
네 붉은 노래에 내 마음이 타오르네
나는 바람의 아들
너는 구름의 딸
네 이름이 비록 작더라도 내 가슴을 적시나니
내 빈 가슴을 적시고 적셔 나를 채우나니

내 드센 성질은 네 앞에서 여린 짐승이어라
영혼에 어리는 네 물방울이 찬란히 빛나는데
시간은 멈추고 나는 젖어 전신에 잎사귀 피우네

이 벅찬 가슴은
너를 향한 그리움이 부어오른 것인가

가면무도회

가면무도회에 갔네
당신의 가면 사이로 빛나는 눈을 보았네
불타던 눈빛은 상들리에 불빛을
내게 되받아쳤네

가면무도회의 음악이 흘렀네
감미롭게 흐르는 음악을 타고
당신이 내게로 왔네
천천히 때론 킥킥을 하며
음악에 미끄러져 왔네

나는 안다네 이 음악이 그치면
우리의 춤도 끝나리라는 것을
당신의 빛나는 눈빛에 어리는 웃음이
음악 따라 멈추리라는 것을,

나는 속삭이네 음악이 끝나지 않기를
상들리에 불빛이 밤새 빛나기를
가면무도회에 빠져 춤추는 이 밤이
강물처럼 끝없이 흐르기를.

시작메모

인생은 가면무도회에 초대받아 온 것 같은 느낌을 받을 때가 있다. 즐겁고 행복한 순간이라면 더욱 그러할지도 모른다. 괴롭고 힘든 일을 겪더라도 마찬가지일 것이다. 지구 이전에 어떤 곳에 머물다가 잠시 이 세상에 태어나 살면서 겪는 여러 가지 경험들은 소중하고 슬프고 아름다운 것들이다. 즐겁게 춤을 추다가 또는 구석에서 빙빙 돌다가 정해진 시간이 되면 뿔뿔이 헤어져 가듯이, 화창한 햇살에 자태를 뽐내다가 어느 날 꽃잎처럼 날리거나 폭풍에 나무처럼 쓰러지거나 인간에게 꺾이거나 베이기도 한다. 들짐승처럼 배고프지만 자유롭게 살다가기도 하고 애완용동물처럼 길러지고 사랑을 받다가 가기도 한다. 때론 이사 갈 때 버려지기도 한다. 아니면 양계장 닭처럼, 돼지나 소처럼 사육당하면서 자신을 잃어버리고 돈이나 명예, 권력에 끌려 다니다가 돈이나 명예, 권력에 의해 생명이 끝나기도 한다. 그러나 어떠한 삶이든 삶 자체는 경이롭고 슬프고 아름다운 것이다. 지탄을 받는 삶에는 정신적으로 학대당하다 스스로 일어서지 못한 경우에 범하는 실수가 담겨 있다. 행복이나 불행은 느끼는 자의 주관적 감정이다. 나의 처지를 내가 잘 감당하면 나는 행복하고 자랑스럽고 기쁠 것이다. 그러나 외부의 압박에 견디지 못하면 앓거나 자학하거나 상대방을 괴롭히거나 하게 된다. 모든 행동에 대한 반응은 상대적이므로 스스로 느끼는 압박의 정도 또한 개인의 성향이나 건강 정도에 따라 달리 나타난다.

삶을 사랑하고 이 지구상에서의 삶이 영원하지 않다는 것을 깨닫고 지낸다면 돈 또는 명예, 권력에 멀었던 눈이 조금씩 밝아져 올 것이다.

생각을 어지럽히고 행동을 돌아볼 시간을 앗아가는 탐욕에서도 서서히 해방될 것이다.

모과

자동차 한 귀퉁이에 얌전히 앉아서
유리창 밖 세상을 구경합니다
이렇게 못나도 멋진 차를 타고
신장개업한 가게 앞에서
흔들어대는 여자의 춤도 구경합니다

세상은 미모 따라 가는 게 아닌 거죠
시간 따라 가는 거죠

시간이 나에게 머물 때
나의 행복지수가 올라가죠
시간이 나에게 등 돌리면
눈물이 내 하루를 적실 테죠

진한 향내 풍기며
콧노래 흥얼거리는데
누가 저를 비웃겠어요?

제 주인님이 말하네요
저는 죽어서도 향기 난답니다
기다려 보세요
제 체취가 얼마나 강한지
느껴 보세요

모과 2

노란 속에는
천년을 앓아 산꽃이 된 여인의 눈물이 들었다
모가지 긴 신음소리도 박혔다

하얀 속살
세월의 떫은맛 우려내면

깊고도 단 여인의 젖은 목소리 살아난다
천둥소리도 비껴가는 숲 향내 살아난다

언제나 바람은 흠집을 남기는 법
뒤돌아 앉은 것들의 뒤통수에는
무방비의 고단한 일상들이
온몸 드러내고 있어

가볍지 않은 묵은 먼지를
깊은 향이 묵묵히 적셔낸다

열망의 숨결 걸러낸
무심히 세상을 비끼는 눈빛이 달다

가을에

구월에 당신은 떠났습니다
눈물 글썽이는 나를 두고 떠났습니다
당신이 떠나던 날 하염없이 비가 내렸지요
산자락이 빗물에 젖어
상처 난 짐승처럼 신음하며 울었지요

오늘도
당신이 사라진 숲길로 가을비 내리고
차마 따라 떠나지 못한 발걸음이
흔들리는 숲의 뿌리처럼 안간힘으로 버티고 있네요

비바람 치는 창가에 기대어 서서
온종일 오솔길 바라다보는 것은
행여나 빗길 따라 떠난 당신이
비에 젖어 돌아올까 기다리는 것이지요

불온한 사랑

나는 그녀를 감히 사랑했네
깊고 높은 성채, 겹겹이 둘러친 철조망
넘어가다 걸렸네

나는 쓰러져 갇히네
내 감옥은 창살이 견고하여
적막한 슬픔을 쏟아내네

멀리 천국으로 가는 기차가 기적소리 울리네

바람이 창틈으로 들어와 붉은 눈자위 만지면
벽 속에 갇힌 나는 그녀를 꿈꾸네
그녀 집 앞에 장미꽃다발을 놓고
담벼락마다 꽃잎들을 날리네

외로운 열정이 저 혼자 타올라
장작을 피우고 솔가지를 던지네

휘몰아치는 비바람 가슴을 두드리는 나뭇가지들
불온한 사랑은 보상 받을 수 없네
울다 잠드는 상처투성이 나는
애끓어 서러운 짐승이네

유기견

동물구조 보호센터
멍한 눈빛으로 움츠린 개,
사람들 다가오면 의심과 경계의 창살을 두르고
날선 눈빛을 세운다
불온한 사랑에 멍든 시간들

분양되던 날은 환희의 날이었지
끝없을 줄 알았던 사랑의 공간에
틈새 쌓여간 무심함의 무게,
인내와 관심의 나날은 지쳐, 나와 돌아서 앉기 일쑤였다

이기심 끝에 슬그머니 나의 사랑을 유기하던
비정한 손길
기다리고 기다리던 그리운 그 손길은
이미 사랑을 포기한 뒤였다

보호센터에서 아파서 죽어가거나
심한 피부병을 앓는 친구 사이에서
악몽에 시달리지만
야밤에 나를 버리고 도망친 그림자는
꿈에도 나타나지 않았다

버림 받아도 기다리는 것은 당신의 사랑,
입양을 기다리는 나날
여전히 사랑을 꿈꾼다

3부

첫사랑

아득한 길 끝에 머무는 이 있네
그대를 기다리는 길에는 별을 삼킨 바람이 불고
막막한 그리움의 숨결이 정결하게 뺨에 와 닿네
어딘들 기다림의 먹먹함이 없을 텐가
초라하고 자그마한 붉은 열매가 추위에 떨고 있네

쓸쓸한 나날이 흐르고 애련한 아픔이 젖어 삭아가네
상처는 피지 않는 꽃이 되어 슬픔의 깊이만큼 깊어지고
아픈 그늘만큼 진해져가네
희미하게 잊혀져 하찮은 기억으로 남기까지
얼마나 오랜 시간 나를 씻어내야 할까

덫에 걸린 짐승처럼 울던 기억도 하얗게 바래져
더는 설레지 않는 순해진 눈빛으로
길 끝에 서 있을 어느 날을 위하여
아직은 당신을 기다리네.

열차는 달리네

열차는 달리네
정류장에 사연을 부려놓고 미련 없이 달리네
스쳐 지나가는 전봇대가 햇살을 말며 달리네
풍경들이 춤추며 따라오네
추억이 따라오네

한 정거장에 두고 온 사랑이 전파를 보내오네
막막한 앞길에 아득히 놓인 철로를 따라
부서져 오는 남은 시간이 침목에 급히 드러눕네
손으로 전해지던 체온이 스쳐지나가네
국수 가닥 먹던 역이 후루룩 지난 시간을 마셔버리네
눈물 자욱 바랜 얼굴엔 세월이 깊이 흐르네

열차는 달리네
고개 높은 산, 굴속으로 달리네
깊고 젖은 심장을 달리네
다시는 다다르지 못할 그대 슬픈 가슴의
바닥을 달리네

외롭고 힘들었던 세월을 뚫고
숨차게 달려가는 길
잊어버린 이름이 차창에 반짝이네

당신이 걸어나가네
기관지에 기침이 일고
비릿한 어둠의 냄새가 소음을 헤치고 가네

개펄

꿈꾸는 간월도,

살며시 살며시 물을 밀어냈다
젖은 몸을 말려보고자 했다
앙상한 어깨, 시커먼 허벅지까지 드러내고
햇살에 당당히 서 보고자 했다
조개딱지들이 소름처럼 돋은 살갗에
흐르는 소금기,
솔바람이 침을 흘렸다

가난한 아낙이 호미로 나의 골을 파내어
하얀 미망의 조개들을 집어냈다
나의 귀를 후비어 굴을 따냈다
게가 나의 창자를 꼬집으며 도망쳤다

구름 뒤에 숨어 간간이 아프게 쏘아보던 눈동자
하얗게 온몸 말리고 싶었는데
안기고 싶었는데

간월도,
눈부신 재회의 순간을 기다려온 꿈이
시퍼런 세력에 포박되어간다

이루지 못할 사랑은 점점 멀어지고,
일몰에 춤을 추며
물살이 달려온다, 나를 가두러 온다

공중전화

당신의 사랑은 이제 식었는가
큰 길 가 꼬집어 뜯는 소음 속에
눈자위는 팅팅 부어
붓는 동안 서서히 잊혀져
관짝 같은 유리박스 안 덩그러니
나 진열되어 있네

겨울꽃

바람이 가슴 위를 쓸며
눈꽃을 뿌려댄다
그와 걷는 해변에는
동백꽃들이 흩날리고
파도소리까지 달려와 소리친다
부드런 솜털이 가시로 돋고
들판을 달리는 바람에 휘날리는 갈기
어디로 가는가
젖어 흐르는 눈물은 꽃잎을 떨구고
얼어 무딘 땅을 저리도 적시는데
어디서 헤매는가
동백 잎사귀 두런대는 숲
하얀 달이 솟고
눈꽃에 스미지 못한 채
흐르던 달빛마냥

물고기 여자

장맛비에 물길이 탁해지네요
상처는 따갑게 끓어오르고
캄캄한 울음은 빗금무늬를 새기네요

투명한 내장으로 당신의 얼굴이 포개지네요
당신을 향한 물길이 저리도 당당하게 출렁이고
목소리 붉게 떠 있네요

구름이 수면위로 둥둥 떠오르네요
물렁물렁한 그리움은 점점 불어나요
측은한 낮달은 어디에 숨었을까요
창백한 허공에서 혼자 젖었을까요

닳아서 둥글어진 눈빛
가슴 두근거리는 소리는 아가미와
가슴을 타고 흘러요

비자나무

선운사 입구 그늘 공양하는 여인
고향 등진 후줄근한 사내 곁에서
낮은 소리로 두런대고 있네
삶에 지친 날개 접고 앉은 꽁지에
벌레들 기어가다 멈추네

질퍽한 길 건너온 발이 무거워
그녀 발치에 주저앉네
바람에 날리는 푸른 여자의 머리채
사내의 어두운 어깨 쓰다듬네

비린 기억과 아픔의 시간이 자꾸 독백하네
그래도 버리지 못하고 부둥켜안고 있는 것을
여자는 알고 있네
술 한 잔에 허튼 웃음 피워 올린
간밤의 슬픔도 알고 있네

말라버린 마음에 파고드는
푸른 눈동자 젖어드네
멍든 시간에 갇힌 사내의 머리 위로
잎들이 빛내며 속삭이네

체류자

당신 가슴에 잠시 머물게요
새벽달 깜박이는 어둠을 헤치고
아련하게 당신 망막에 잠시 스칠게요
허공에 떠돌아다니는 제 목소리는 잊어주세요
짧은 봄밤 더듬이 허우적거릴 적마다
꽃잎이 멍들어가요
푸르게 눈부신 은행나무 그늘에
천천히 곤두박질하는 거미의 꿈
집착은 결핍의 응고물이죠

열기를 가둬 얼음덩이로 난단해진 당신의 가슴에
잠시 머물다 갈게요
충고 따위는 하지마세요
무기력한 꿈은 차라리 잔인하죠
슬픈 이마 위로 야윈 달이 지고 있네요
자꾸 허물어지는 빛이 가여워요
꿈틀대는 어둠의 저항이 보이네요
이제 당신이 조금씩 녹아내리고
바람의 발목을 적시고 있군요.
그래요 어둠도 적시고 여명도 적셔보세요

이제 떠날게요
당신이 흘러내리는 어디서든
닿을 수 있을 테니까요.

가로등

꽃들이 제 몸 피워올리느라
비린 냄새가 거리를 붉게 물들인다
어둠이 갈망하며 빛을 밟고 오는 중

튀는 꽃잎은
얼마나 달콤한 호흡을 하기에
영혼을 담금질하는가
향기 따라 꾸역꾸역 모여드는 어둠의 소란한 발길들

당신의 불구의 귀는 내 비명을 듣지 못한다
당신의 부재에 오늘도 자꾸 어둠에 머리 박는다
밤새도록 나를 퍼올리는 먼 당신의 끈끈한 손
멍든 내 몸
하얗게 비어가는 머릿속
당신의 기억을 채워
나는 견딘다

팽팽한 시간을 비껴가며 달콤하게 끈적이는
기다림
충혈된 눈

깜깜한 무지 한가운데서
나의 모가지가 아프다

무인도

곁에서 출렁거리다 멀어져간 물결들
달빛에 저마다의 춤을 춘다
어룽거리는 파도, 젖어 있는 슬픔 따위
타인이 불러주는 노래는 잠시 시간을 적시지만
곧 흩어지는 물보라인 것을.
등이 달빛만큼 시리다
어둠이 사랑의 먹이가 되어주지 못한다
허한 가슴에 눈물이 맺히는 긴 이별이 별빛에 총총하다

내 영혼의 허공이 이리도 팽팽한데
파닥이는 날빛이 서비줄 치는 허공
반짝이는 눈물, 당신의 구멍 난 기억의 언저리엔
한때 꽂힌 눈빛이 남아있나

만발하는 꽃 만발하는 구름
나를 서서히 잊을 것이다
색색이 펄럭이는 만장의 울음도
나를 잊을 것이다

그대들의 웃음이 부서져 다시 꽃으로 피고
그대들의 회한이 흘러 다시 빗방울이 되는 동안
기억은 어둠에 젖어갈 것이다
내 오래된 등뼈는 삭아 어둠에 편입될 것이다

그대의 흐르는 눈물

파르스름한 얼굴이
유난히 빛나던 당신
생의 벌판을 함께 달리자고 손잡던 당신

위협하는 시간들 사이로 용케도 재주넘기하며
살아온 나날
알몸으로 부딪쳐온 세파에 근육은 더욱 단단해졌지
뜨겁고 눈부신 가슴은 때론 멍울지며 젖기도 했던,
생의 절절한 욕망이 부서지기도 했던,
그러나 언제나 가슴 속에는 불씨가 살아
자신을 태워 일어서곤 했지

바람을 타고 건너오는 불안한 어둠이
사방을 둘러치며 암울한 그림자를 먼저 던질 때도 있었지
소멸되지 않는 당신의 사랑은
스러지지 않는 별처럼 내 가슴에 박혀 허둥거리는 순간을 비추었지

축축한 불빛은 어디에나 있어
끊임없이 쏟아지는 파편은 어디에나 있어
우리는 불의 나라에 살고 있어
젖으면 말리고 막히면 뚫는 믿음이 있어.
부러뜨리지 말고 잊지 말고

눈이 붓고 이마에 열이 오르더라도
힘들어 기침이 벚꽃처럼 번질지라도

처음 던졌던 눈빛과
뜨거운 열망으로 덫을 빠져나가리
뻔뻔한 망각을 깨뜨리고
웅크리지 않는 붉은 마음 하나 있으면 돼

그대의 눈물을 털어먹고 오늘 단 꿈 꾸네

석류

당신과의 낭만적인 악수는
이별을 예고한 몸짓이었나요
문틈으로 들이친 붉은 알알이
눈동자에 머금은 순간은 햇살의 전언이었나요
당신의 붉은 빛에 못 견뎌
터져 버린 열정이 투명한 당신에게 날아가
촘촘히 박혀버리네요
익어가면서도 입술 깨문 당신의 자존심
술과 노래에 취한 시간이 울고
알을 깨기 시작하네요
몸이 찢어지고
목이 메게 그리운 당신의 울음이 붉게 슬고 있어요
구원으로 가는 길이 너무 멀어요
당신을 향한 멍든 가슴 부서져 내리는
이 시리디 신 맛
나는 신열 나는 석류가 되었나요

배롱나무꽃

어제의 상처무늬가 붉은 제 얼굴을 밀어 올린다
흔들리며 하늘을 향해, 세상을 향해 붉은 속살 밀려
나온다 더 이상 은밀하게 깊이 숨어 있을 수 없는
아픔이 진창 부풀어 터져 나오는 순간이다,
신기해라, 아프고 또 아픈 뒤에 건져 올리는 붉은
심지라니. 저 붉은 혀들, 아픔을 터뜨려대는 저
아우성들

눈물의 양분으로 자라나는 상처, 상처의 힘으로
피는 꽃, 그 누구도 상처를 본 적이 없으므로 텅 빈
울림이 홀로 제 속에서 맴돌며 소용돌이쳐 꽃으로
피는 줄 아무도 몰랐다. 지연되는 통증의 노출은
속으로만 곪아 염증은 깊어갔다

바람소리 새소리 오가던 가슴 한 켠
허접한 생각들 깨져 묻히거나 쫓겨난 곳에 자리 튼
견고한 고통의 실체는 세력을 키워 배롱나무 가지
마다 무거운 삶의 무늬 엉겨 꽃부리 피워 올렸다
바람이 버짐 핀 청춘을 흔들어 몸살 앓는 숨은
시간들이 햇살에 붉게 떠올랐다

낙동강

너는 기억하고 있구나
안개 자욱한 새벽
조용히 노래 부르기도 하는 너는
온몸으로 느끼고 있구나
모든 모욕과 모든 성쇠가
작아지고 작아져 자갈처럼 작아져
물속으로 고요히 가라앉기도 하고
구르기도 하면서
흐르고 흘러
모래톱이 된다는 것을

네 입술이 노래하는 것을 새들이 듣고
네 입술이 흘러 보낸 물길에
천년 물고기가 목숨을 이어간다는 것을

나무들이 수천 번의 잎을 달았다 떨구고
꽃들이 수만 번의 꽃잎을 피웠다 잃는 동안
붉은 열매로 제 나이테를 대대손손 이어가는
붉은 마음이 있다는 것을

작아지고 작아져야만 제대로 볼 수 있고
약해지고 약해져야만 제대로 들을 수 있는
낮고 낮은 심장이여

네 무릎은 낮아서 쉽게 젖어들고
네 귀는 밝아서 낮게 흐르는 소리도 듣는구나

너는 참으로 울음을 아나니
모든 목젖이 네 가슴을 향해 열려 있구나

4부

대전역에서

1
여자의 얼굴이 수련처럼 허공에 떠서 웃고 있어요
귓가를 잉잉거리는 소리들이 어지럽게 울려요
반짝이는 거, 끈끈한 눈물이 흐르는 거

2
말랑말랑한 기억들이 스멀스멀 일어서네요
서글프거나 비루한 시간에 갇혀
당신이 여기 주저앉아 있네요
날개를 잃어버린 걸까요
목마르고 발가벗겨진 마음이 후미진 곳에 웅크리고 있네요
도둑고양이처럼 시간은 어슬렁기리고
바람이 차표를 물고 떠나가네요

가여운 당신이 아슴한 눈을 들어
아득하게 사라지는 바람의 끝을 배웅하네요
수십 개의 바퀴들이 서둘러 바람을 데리고 가네요
공중에 검은 구름이 흘러다녀요
이제 어둠에 중독된 눈을 떠 봐요
슬픔은 허공에 풀어버려요
눈부시게 착한 당신
우리들의 역을 이제 떠나가요

이별

몽매한 시간아
아우성치는 미련을 떼어놓고
어디로 가느냐

매화꽃 통증은 여기다 걸어두고
술렁거리는 강물 넘어
어디로 가느냐

이곳의 기억과 먼지 묻은 신발은
아직도 머뭇거리는데
가슴 저리는 이야기 잘라먹고
젖은 눈가를 만지다가
어디로 급히 떠나가느냐

꽃잎 바람에 흩날리거든
달빛이 발길을 따라오거든
얼굴 하얘지도록 울먹이던 이날을
기억해다오

가지마다 잎 파릇파릇해지거든
한때 유리창에 부딪치며 출렁이던
환한 웃음들을 떠올려다오.

물새

그가 떠났다

허망한 바람의 입술이 말한다
전쟁터와 같은 세상, 놓치는 것을 두려워 말아라
놓치고 놓쳐서 비워져가는 것이
삶을 채워가는 방식이니까
네가 사람을 놓치지만
빈자리에는 무심했던 사랑이 스며들고
냉대했던 연민이 스며들어
출렁거릴 것이다

당신의 눈길에서 멀어져가도
노을은 제 자리에서 타고 있을 것이니
서러워 마라
바람은 불어 그의 소식 전해 줄 것이야
햇살은 빨라 네 웃음 전할 것이야

심장을 씹어대는 상실감이
당신을 점령할지라도
한탄하지 마라
잠은 어둠처럼 몰래 찾아올 것이고
천천히 아주 천천히 애타는 마음을 물고
심장에서 태어난 새 한 마리
노을 속으로 날아갈 테니.

초당에서

연잎에 깔린 아침 안개 걷으며
햇살이 층층으로 걸어오네
쥐오줌 잎새에 늘어진 햇발 걸리었네
밭 매는 아낙이여 누가 나를 쫓는가
지그시 몸 누르는 두통을
일순 이는 바람이 훔쳐가네

뻐꾸기 울음소리
칠월의 더위를 헤치며 오네
초당에 앉아 듣는 뒷산의 목쉰 소리
우는 것이 뻐꾸기만 아닐러라
땡볕에 고추 익어가는 한낮
호미로 캐는 것은 누구의 수심인가

얼기설기 엉킨 것은 잡초의 뿌리만 아닐러라
오락가락 나를 좇는 바람결에
밤새 잡아끌던 번뇌의 넝쿨이 쓸려가네

내 소원은

날마다 헐레벌떡하는 내 그림자를 끌어다가
푸른 달빛 아래 천천히 걷게 하는 일이다
내 살과 뼈가 온전히 제자리에서
숨을 쉬며 강물처럼 가고자 하는 곳으로 천천히
흐르게 하는 것이다
붉은 빛깔 말의 알맹이들이 노을빛으로 소용돌이치며
웃게 하는 일이다

맨발바닥으로 흙을 구애하며
들꽃의 표정으로 논밭 길을 걷는 일이다
먼지로 떠도는 도회의 비려진 마음
흰나비의 날개 달고 꽃비 속을 비상하는 것이다
세상의 바람과 소리가 잘 들리게
내 몸에 하늘의 길을 내는 것이다

우물

반달이 두레박을 내린다
낮 동안 누군가 퍼 올린 두레박질에
수위가 낮아져 한결 수척해진 몸으로
있던 가슴 속으로
꿈의 두레박이 내린다

내내 뒤척인 꿈속에서
목마른 시간이 붉게 바랜 낙엽으로 뜨고
허기진 밤하늘 한 쪽이 일상에 지친 별들을 데리고
총총 내린다

내 안의 우물에는
밤새 차오른 아픔으로
전신을 축축이 적신 새벽이 물안개로 피어나고 있다

갯바위

밤마다 소곤거리는
푸른 입술의 여자

사랑은 배회하는 것
피었다 흩어지는 꽃송이처럼 눈부신 것
목젖 너머로 사라지는 달콤한 낯선 감정의 꽃

질퍽한 바닷바람에 끊어질 듯 이어지는 노래 듣다가
외로워져 뒤척이는데

상처를 핥으며 하얀 손 건네는 짠 여자
자갈밭을 달려 거친 손 내미는
고운 여자

섬

그 남자와 헤어지던 날
마산 포구엔 배들이 눈발에 흔들리고 있었다
함박눈에 배들이 가라앉고
눈 속에 허물어지는 부두를 따라
내 가슴의 빈집이 함몰되고 있었다

붉은 단장을 하고 외로이 선 무인등대엔
노란 등이 가느다란 하얀 손들을
수없이 저어대고

횟집 여인의 트레머리는
목선을 따라 흘러내리면서
수족관의 거품을 타고 돌다가
숨 막히는 관을 타고 바다로 빠져들었다

작은 산들은 견딜 수 없어
바다로 걸어 들어가
초록빛 머리채를 하나씩 담그고
타 들어가는 영혼에 물을 채우고 있었다

꽃의 상처

꽃들이 손톱을 세운다
향기 일렁이는 나라에 방패는 가시 뿐
소리 없는 도둑의 손을
찌르고 할퀸다

외로운 잠을 흔들어 깨우는 손
붉은 밤이 비릿한 냄새를 풍긴다
희롱하는 바람을 슬쩍 품어주는 안개

선정적인 것은 쓸쓸하고
살아남기 위한 몸부림

멍울진 꽃눈에 흐르는 검은 피.

허황한 꿈을 꾸고
미친바람을 사랑하는 유령의 땅에서
흔적마저 구름 따라 지워지는 날

그늘이 깊어지고 차가워져
꽃을 꿈꾸지 않는다
가시만 우거지는 그늘의 나라

겨울 강

꽁꽁 얼어붙은 강으로 갔다
나룻배도 얼음에 갇혀
가던 길을 멈추었다

어느 뜨거운 사랑이 있어
단단히 몸을 얼려 묶어 버렸나
제 몸으로 나룻배를 부여잡고 있는
참으로 끈질긴 사랑아

얼어서라도 멈추고 싶은 정
흐르지 않고 아무시세 일어서
제 열정을 비추고 싶은 것은
달빛만이 아닐 것이다

흐르고 흐른 뒤에 다시 눈발로 날리다가
얼어붙어 외로운 기다림을 접고
끝끝내 제 사랑 안에 갇힌
겨울 강

쩡쩡 울리는 소리
가슴 붉게 울리는 소리
겨울 강 소리

멈출 수 없는 사랑

포항 앞바다
돌고래 떼 춤춘다
쓰러져가는, 자꾸만 힘이 빠져 몸이 뒤집어지는
돌고래 한 마리
마지막 숨 쉬게 해 주려고
몸 들어 올려준다

힘내라 힘내, 제발 살아라 숨 쉬어라
소리치는 돌고래들
여기는 긴 강물이 흘러들어
퍼렇게 삶이 파도치는 대양이야

물소리를 하늘에 풀어놓고
가장 빠른 속도로 곁을 떠나가는 돌고래의 몸부림
고통스럽게 행복하게 사랑을 확인하는
짐승의 마지막 언어, 몸짓

애무하고 사랑하는 바닷물에 몸 맡기고
은하수로 떠나는 돌고래
어쩔 수 없이 허공의 막을 찢고 몸을 떠나는 돌고래
대양에 둥둥 떴다가 가라앉는다

측정할 수 없는 영혼이 날아다닌다

하늘의 구멍 속에는 기억들이 비집고 새끼를 낳고 있다

나는 원래 물고기가 아니었어
빛이었어

허공은 붉은 뼈들을 털어내며 내장을 비운다
고래의 문자들을 붉게 풀어놓은 하늘에
그리움이 붉은 내장으로 깔렸다
어둠의 끝을 건너며
사랑의 증표를 하늘에 새겼다

사랑의 깊이를 측정할 수 있는가

빛이 모여
남아있는 돌고래여인의 눈동자에 그리움을 쏘았다

그래, 잘 가라
빛나고 먼 하늘에서 편히 쉬렴
코를 벌름거리며 손을, 지느러미를 부딪치는 돌고래
그리움은 늘 가슴에 품고 있었다
마음을 얹어 준다는 것
사랑의 뜨거운 눈물이 맺힌다
아프게 솟아오르는 파도를 물리치며 떠나는

그대
핏빛 하늘에 출렁이며 헤엄쳐가는구나

구름사이로 날개 돋으면
뿜어 나오는 노을의 붉은 눈물로 적시렴
좀 있으면 달도 울부짖으며 나올 거야

꺼진 눈동자 곁으로 달아오르는 황홀한 춤
멀어져가는 너를 향해 내가 바치는 사랑이야

네 눈동자 불이 꺼져서야
너를 향한 사랑이 뜨겁게 확인되는
엄숙한 자리
꿈틀거리는 운명은 이글거리는 사랑을 확인하는구나

나는 그대의 사랑이 환전되는 것을
원치 않는다
도둑처럼 밤이 몰래 올지라도 나는 울지 않는다

붉게 차오른 바람에도
캄캄한 어둠 속에도
슬프게 울지 않는 것은
깊이 익은 그대 사랑에 취해서 그런 거야

까칠한 세월이 메마르게 회오리쳐도
나 튼실하게 살아갈라네
어둠 저 쪽에 찢어져 펄럭거리는 그대가
웃으며 손 흔드는 게 보여

우리의 사랑은 깊고 참으로 달콤했다고 말하는 게 들려.
하늘은 텅 비어서 너무 투명하고
그대는 너무 맑아서
여기 탁한 공기에 더 이상 숨을 쉴 수가 없었지.

별 총총한 밤, 내가 돌아갈 때까지
그대는 잘 쉬어
그대의 사랑과 전설은 내 가슴에 남아
내가 읽는 경전이 될 거야

조령산에 내리는 눈

조령관문이 바라보이는 고갯마루에 도착했다
귀를 열어보지만 새 울음도 숨어버린 고갯마루는
눈바람만 숨 가쁘게 흩날렸다
어둠이 배어든 산 속은 저 혼자 속으로 깊어가고
눈바람은 이승을 추억할 자신의 살덩이를
산산이 부수어 흩뿌렸다
장례는 오랫동안 눈부시고 엄숙하게 치러졌다
아무도 없는 산길에 뿌리고 뿌려
봄날 풀포기들 마시고 쑥쑥 자라라고
이승의 봄날을 미리 준비해 주는 것이라고
심연으로 가라앉는 눈바람이
어둠에 젖으며 전하는 것이다

그리하여 나를 기념하고 나를 기억하라는
서늘하고도 부드러운 부탁을 드리는 것이다

겨울 조령산

눈보라 흩날리는 산길
여인이 눈발 속으로 휘적휘적 가네
어느 하늘에서 눈길 타고 내려왔나
온통 하얀 몸짓으로 비틀비틀
가네

남정네가 건네준 오미자 막걸리 한잔에
붉어진 얼굴
어찌하면 그에게도 한 사람이 찾아와
서성이겠네

사랑이 깊어가듯 눈보라 깊어가고
눈바람 불어 산속 겨울 깊어 가는데

흐릿한 시야로 흘러온 사랑
차갑게 부드럽게 스며드는 정
허전한 겨울이 따스해지겠네

■ 작품해설

낭만적 사랑에 깃든 속사랑을 발견하다

■ 작품해설

낭만적 사랑에 깃든 속사랑을 발견하다

김 선 주 / 시인, 문학평론가

1.

권순자 시인은 지난날 가장 순수했던 언어들을 불러 모으고 있다. 이러한 방식은 그동안 많은 사람들에게 애송된 만큼 이제는 지난 시어가 되어 이 같은 시 쓰기를 고수하는 것이 때론 모험처럼 보이기도 한다. 그럼에도 시인은 그 울타리를 떠나지 않고 묵묵히 주변을 가꾸어 왔다. 그 나대지에 가장 아름다운 사랑의 꽃을 피우기 위해서 자신의 청춘을 쏟아 부었다. 다시 말하면 이번 시집의 주제는 '낭만적 사랑으로의 회귀'라고 할 수 있다. 그리고 시인의 '너와 나'라는 공동체적 의식이 아직도 생생하게 살아있음을 반증하는 시편의 출현을 알린다. 독자들은 시를 감상할 때 이 두 가지 '낭만적 사랑으로의 회귀'와 '너와 나'라는 공동체적 정신을 발견하는 은혜를 얻게 될 것이다.

시인의 작품을 읽으면 남녀관계에 깃든 사랑의 방식이 생각나다가, 유치환과 이영도가 주고받았던 서간문 〈사랑하였으므로 행복하였네라〉가 떠오르기도 한다. 더불어 아가페와 에로스도 연상된다. 이렇듯 시인의 작품 중심을 관통해보면 '낭만적 사랑으로의 회귀성'과 더불어 마르틴 부버의 사상과 맥락을 같이하는 "나와 너"의 공동체적 삶이 서로 각을 이루어 인간성 상실의 시대에 새로운 대안을 찾게 하고 있다. 즉 상대의 영혼을 무시하고 타락시켜 변질된 사랑 속에서 다시 거듭나려는 무기와 방법론을 제시하는 도구로서의 역할을 충분히 감당하려고 한다. 그 중심에 생명력을 불어 넣어주는 것이 바로 권 시인의 시들인 것이다.

2.

권순지 시인의 시편 중 제 1부에서는 가슴 속 절절히 흐르는 사랑의 노래가 끊임없이 울려 퍼진다. 이 시들은 에로스의 옷을 입은 것 같으면서도 아가페의 묵직한 갑옷을 입고, 누군가 공격을 해와도 끄떡하지 않을 비장미가 내재해 있다. 그냥 단순히 시의 겉모양만 놓고 보면 에로스적 갈망이 스며있는 슬픈 사랑의 시로 읽히지만, 이것은 시 작품 겉모양에만 취한 사람의 소치라고 밖에 할 수 없다. 좀 더 깊이 들어가면 시적 형태와 시를 쓰기 위한 시인의 가슴속 울림이 전해져 온다. 시적 화자인 내가 있고, 나의 사랑하는 마음을 이끌고 전진할 의지를 지닌 당신, 즉 너와 나의 합일이 힘을 더해 무언가 의미 있는 의식이 진행되는 것이다.

심장을 뛰게 하려고 당신이 왔네
차가운 심연에서 부는 바람을 재우려
당신이 노래를 부르며 왔네

어지러운 이승에
애달픈 사랑 심으러 왔네
얼어붙은 심장을 뛰게 하려고
궁벽한 목숨 한끝으로
밀애를 한 떨기 피우러
붉은 문 열고
당신이 왔네

훈훈한 입김에
사무치는 찬기는 서서히 멀어져 갔네
영롱한 빛이 사방에 번지고
막힌 숨구멍 열리며 붉은 꽃들이 피어났네

–「심장을 뛰게 하려고」 전문

에리히 프롬은 다음과 같은 의문과 보편적인 현대인들의 사랑법을 제시하면서 《사랑의 기술》이란 글쓰기를 유지하고 있다. 즉 "사랑은 기술인가?" 만약 사랑이 기술이라면 지식과 노력이 요구된다. 사랑은 우연한 기회에 경험되는, 또 행운만 있으면 누구나 겪게 되는 즐거운 감정인가? 대부분의 현대인들은 "사랑은 즐거운 감정이라고 믿고 있다." 위의 시 1연만을 놓고 볼 때 충분히 에로스적이며, 보편적 사랑의 형태인 즐거운 감정의 발현으로 보인다. 이러한 사랑 방식에서는 기술이나 지식 및 노력을 필요로 하지 않는다. 그대 혹은 당신이 내게 오는 것만으로, 내 앞에 실존하여 미소를 주거나 꽃 한 송이 건네주는 것만으로도, 온통 나의 온 몸을 전율케 하는 그런 사랑을 읽어 낼 수 있다. 그러나 2연에서 시어들이 사랑의 화법을 어떻게 이끄는지 살펴보도록 하자. 곧 시적 화자가 말하고 싶은 사랑의 도입부 역할을 하는 것이 바로 위의 시 「심장을 뛰게 하려고」라고 할 수 있다. 2연의 두 행 "어지러운 이승에"와 "애달픈 사랑 심으러 왔네"에 그 사랑의 행위가, 행위자로서 당신이 임하여 내 가슴의 모든 동·정맥을 전율케 하고 있다.

분명 시대는 혼란스럽고, 영적 사기詐欺로 순수한 영역을 허물어 뜨려도 세상은 눈 깜짝하지 않는다. 성적 폭력이 난무하고, 정신적으로 암울한 시대에 피해자가 되어 방황하여도 그들을 지켜주기 위해서 발 벗고 나서는 이들이 없다. 그린 이픔이 꼬리에 꼬리를 물고 있는 사이 이 땅에 애달픈 사랑 하나 심으러 온 그 사람을 시인은 애타게 기다리는 것이다. 아니 이미 시적 화자는 그를 만나 일을 내고 있는 것이다. 그 일, 사건을 일으키기 위해서 시인은 "밀애를 한 떨기 피우러" 이내 "붉은 문 열고" 기어코 "당신이 왔네"라고 노래하고 있다. 그 결과는 곧 나타난다. 이윽고 "훈훈한 입김에 사무치는 찬기는 서서히 멀어져"가고 "영롱한 빛이 사방에 번지고" 기적처럼 "막힌 숨구멍 열리며 붉은 꽃들이 피어나는" 위대한 사랑이 탄생하는 것이다. 진정한 사랑, 나를 진정으로 사랑하는 당신의 힘은 이렇듯 위대한 생의 결과를 가져온다.

당신의 그늘이 너무 깊군요
뭉게구름이 눈부시게 몸집을 부풀려 가는데
저는 당신 주변만 맴도는 혹성이네요

당신을 만나러 가는 길에 꽃을 심어요
내 눈물도 함께 심지요

햇살이 서성거리면 바람은 안절부절
당신을 맴돌고

아침마다 증발하는 꿈
새들이 포르르 날아가 당신 창가에서 지저귀는데

당신은 너무 멀리 있고
당신은 내게로 불지 않는 낯선 바람

빗방울 후드득 떨어지는 소리
그립고 아픈 꽃들이 고개 떨구는 소리

당신은 너무 멀리 있고
나는 당신을 향해서 부는 붉은 바람

－「아날로그 사랑」 전문

위의 작품에서는 말 그대로 시인이 아날로그 사랑을 그리워하고 있는 듯하다. 아니 단순하게 그리움의 덫을 놓고 있는 것이 아니라 이미 그 덫에 치여서 심신이 극심한 동요를 일으키고 있다. 시적 화자의 대상이 멀리 떠난 듯 보이는 시구들, 이를테면 "당신의 그늘"과 "당신을 만나러 가는 길" 한 편에서 저 멀리에 "햇살이 서성거리면" 이내 눈물 흘리며 "아침마다 증발하는 꿈"을 급하게 따라가지만 "당신은 너무 멀리 있고" 이처럼 시의 행간이 전달해주는 불안 요소는 그 어떤 사랑의 깊이보다 크게 다가온다.

현대는 모든 것이 디지털화, 기계화되고 있다. 인간적인 교류나 관계를 비롯하여 우정과 사랑을 나눔에 있어서도 그 범위를 벗어나지 못하고 순수를 지향하는 사람들의 영혼을 자극한다. 시대에 맞춰서 시도 그 물결에 휩쓸려 의미 없는 기호를 조립한 것과 같다. 또한 언어유희를 뛰어넘어 퍼즐처럼 언어를 조합하여 거리에 세워놓은 시적 조형물과 유사한 형태를 취하고 있다. 뿐만 아니라 어떤 문화의 틀을 허물어뜨린 후 다시 서로 대립된 현상의 것들을 끌어와 붙인 듯 시적 형태를 세워 놓고 나름대로 디지털방식의 의미를 생성하고 가치를 높인다고 믿고 있다. 사랑도 이와 같은 맥락에서 뿌리를 내리고 껍질만 장식하려고 애쓰며 버둥거리는 시대다. 그럼에도 불구하고 시인은 기계적인 사랑, 계산된 인간관계가 아닌 가슴 설레게 하는 추억 속의 애틋한 사랑을 찾아가고 있다. 디지털 방식의 사랑이 아닌 아날로그 사랑, 즉 순수한 마음 깊은 곳으로부터 잔잔하게 혹은 거칠게 밀어 올리는 그런 감정에 싸여 전달되어져 오는 사랑을 그리워하는 것이다. 바로 이 같은 시행이 시인의 마음을 노출시키고 말았다. "저는 당신 주변만 맴도는 혹성이네요" 언제나 푸르게 "내 눈물도 함께 심지요" 언제까지나 변함없이 "나는 당신을 향해서 부는 붉은 바람" 등이 그것이다.

이와 같이 시인이 꿈꾸고 기다리고 경험했던 그 순수한 아날로그의 사랑, 자연스럽게 느끼고 아파하고 그리워하고 속을 태우는 그런 사랑이 지배적이어야 이 사회가 참된 인간성 회복의 길을 맞이하게 된다. 이런 사랑이야 말로 죽음에 이를지라도 영원히 기억하고 그리워하며 남은 일생을 거뜬하게 지지해줄 동력이자 삶의 기초가 되는 것이다. 시인은 시대의 뒤안길에서 자신의 생애를 비껴갔을지 모를 그 위치에서 어쩌면 영원히 오지 않을지도 모를 아날로그 사랑을 가슴 저리는 심정으로 애타게 기다리는 것이다.

욱신거리는 온몸을 질질 끌고
내 영혼은 한 점 섬으로 떠도네

슬프고 다정한 눈동자를 보라
추락하지 않는 노래는 귀전에 출렁거리고
내 신음은 중얼거리며 날아오르네

울렁거리는 울음을 물고
밤새 뒤척이는 눈동자를 보라
허공에 바람을 물고
질척이는 섬을 보라

– 「섬」 부분

시적 화자는 그가 누구든 상관없이 이미 극심한 외로움과 아픔에 시달려 멀리 떠내려간 한 개의 섬으로 객체화 되었다. 그리고 그 섬을 중심으로 끝내 하나의 섬이 되기까지의 상황을 시 정신으로 그려낸다. 이 땅에 시가 한창 도입되고 시적 부흥을 알려온 시대, 시와 더불어 삶의 가치와 진정한 멋을 논하던 시기에는 시인이 노래하는 아름다운 이별과 해후를 향한 아픔이 도사리고 있었다. 그래도 한없이 행복하다고 고백했던 그 아픔으로 인해 존재의 가치는 더욱 빛을 발하던 시절이었다. 시인은 그 날을 회상하면서 꾸준히 시를 엮어나가고 있다.

마치 위의 시는 그 옛날 술람미 여인을 사랑하여 불렀던 솔로몬의 노래에 흐르는 분위기라고 할까. 그 시절의 정서가 고스란히 살아남아 시적 화자가 사랑의 열병에 빠져 있음을 목격한다. 지금의 시대에서는 결코 모방할 수 없는, 간절한 사랑을 이유로 도진 상사병을 느낄 수 있을 만큼 애절한 사랑을 그리워하는 것이다.

시인은 한 개의 섬이 되어버린 고독한 주인공을 불러와 비록 지독한 상사병을 앓을지라도 다시 한 번 열애를 경험하고프 마음을 독자와 함께 공유하고자 한다. 이 시대를 살아가는 사람들은 누구나 예외 없이 한 개의 섬과 같은 존재다. 그러나 가장 아름다운 섬이란 무엇인가. 사랑에 취해서, 사랑에 떠밀려오는 섬을 멀리서 가까이서 바라보다가 밀애의 숨은 마음 들키지 않고 따라가다가 드디어 그 사랑을 발견하고 질척이는 한 개의 섬, 그 섬이 되어 영원히 사랑을 보듬고 살고픈 열망이 내재된 시라고 할 수 있다. 시인은 여기에 머물지 않고 실종된 사랑을 찾아서 떠나고 있다.

시인은 타인의 눈치를 보지 않는다. 잃어버린 사랑이 아닌, 실종된 의미의 사랑을 찾아서 거침없이 향하고 있다. 시인은 「실종된 사랑」에서 근원적 사랑을 찾아 나서며 보편적인 범위를 넘어선 특별한 마음을 고백조의 시편에 담아내고 있다.

섬광처럼 "온통 비늘이 물기에 젖어 빛나고" 온 몸이 오한으로 파르르 떨고 있을 때 "슬픔을 삼킨 입술이 붉게 떨리는 오후"에 사막의 신기루처럼 "파도소리는 너무 멀리에 있다" 적막한 공간 속에서 "물방울이 아름답고 쓸쓸하게 번지"고 있는 사이에 "당신의 목소리는 파묻혀 낮은 지붕아래서 울음을 켜"고 있다. 난데없이 "실종된 사랑은 어디서 봉두난발한 채 헤매고 있는가." 시인이 그토록 가슴에 품고 싶었던 사랑이 실종되었다. 어디로, 무엇 때문에 그의 관심의 영역에 그림자만 남기고 실체가 사라진 것일까. 곁에 있는 줄로만 알았던 사랑, 언제라도 내 숨소리처럼 함께하던 그 사랑이 자취도 모를 머나먼 곳으로 떠났다.

이 시는 역사적 작품들인 〈황조가〉, 〈가시리〉, 〈사모곡〉을 이어 현대에 와서는 김소월의 〈산유화〉, 〈진달래〉, 한용운의 〈님의 침묵〉 등 이별의 아픔을 잇는 시편이기도 하다. 실종된 사랑 앞에 선 시적 화자는 "어떤 유혹에도 휩쓸리지 않으려고" 단단히 자신을 무장하고 숱하게 "스러지고 떠밀려가면서도 지느러미 펄떡이며" 기어코 "바다의 시간을" 꿋꿋이 견뎌낸다. 그 이후 숙성된 사랑을 시 「연가」에 담아서 한동안 가슴 아프던 과정을 모두 마치고 다음과 같이 노래하는 것이다.

수많은 눈들 중에
당신의 눈에 빠져버렸어요
그 깊게 젖은 눈에는
여름 꽃들이 피었고

벌레들 윙윙거리며 길을 안내했지요

수많은 손들 중에
당신의 손을 잡게 되었네요
가리키는 손끝에는 노을이 붉게
지상에 내리고
긴 바람 불더니 별이 뜨네요

– 「연가」 부분

그토록 찾아 나섰던 사랑은 훔칠 수 있는 것이 아님을 알아차린 화자는 "단단한 그리움으로 남을 거예요"라며 거룩한 체념을 하고 돌아서서 마음속에 다시 지지 않을 그 사랑의 꽃을 피우기 위해 분위기를 반전시키고 있다.

3.

권순자 시인은 제 1부의 시편에서 독자들과 함께 깊은 사랑의 열병을 충분히 경험했으며, 그리움으로 남겠다면서 자신을 추스르고 있다. 그것도 요즘 시대와 같이 쉽게 만나고 잊히는 관계선상에서의 만남이나 그리움이 아니고 "그대 곁에 버티어 / 단단한 그리움으로 남을 거예요"라며 다짐을 하고 돌아앉아 희망찬 내일을 기약하고 힘을 얻는다. 아래의 시편과 같이 "샤워기"를 통해서 또 다른 자신을 발견해 본다.

조절기만 누르면
나의 소망을 들어주었다

덕지덕지 달라붙은 피로를 씻고
삐져나오는 짜증을 미레질했다
순순히 나는 세례를 받았고
온몸 독 오른 분노와 치욕도
스르르 제 몸 말아 숨었다

어느 날
빠득대는 아픔을 눈치 채지 못한 나의
한 순간 완력으로
그만 목이 툭 부러졌다

네 아픔보다는 내 불편함이 커서
네 눈물을 보지 못하였다
이제야 비로소 너를 다시 보게 되었다

－「샤워기」 부분

이 시에서는 1부에서 미처 알아채지 못한 시어들을 만나게 된다. 열거하면 "소망"과 "피로를 씻고"나서 모처럼 "짜증을 미레질했다" 그리고 "세례"나 "이제야 비로소 너를 다시 보게 되었다" 등의 시어와 시구들이다. 그 만큼 시인은 순수한 사랑으로 인해, 사랑 앞에서 심적 수고를 아끼지 않았다. 또한 그 아픔 덕분에 한층 성숙된 면모를 갖추게 되었다.

그는 샤워기를 들고 자신의 지난 불행과 "피로"와 "짜증"과 "분노"와 "치욕"을 깨끗하게 씻어내고 비로소 너의 "네 아픔"을 들여다 볼 수 있는 여유를 챙기게 된다. 그것도 나에게 잠시 찾아온 불편한 상황으로 인해 고통스러웠던 네 아픔을 몰라주고 네 눈물을 보지 못했던 자신을 세례행위로 용

서받고, 비로소 너를 면밀히 보는 시간을 갖게 된다. 여기 이곳에서 시를 통해 한 가지 중요한 것을 발견하게 되는데 그것은 마르틴 부버가 말한 "나와 너"를 통한 공동체 의식이다. 이는 나 홀로 이 세상을 살아가는 게 아닌 너와 내가 한 울타리 안에서 공동체 생활을 통하여 가치와 의미와 행복을 찾고 나가야 하는 것에 복선을 제시하고 있다. 시인은 이 같은 테마이자 윤활 작용으로 바로 사랑의 열병을 앓았으며, 그를 통해 충분히 아픈 인생을 지나고 시詩적인 사건으로 다루어왔다.

권 시인의 작품을 감상해보면 단순한 공동체의 삶이 아니라, 대화를 통하여 공동체적 유토피아를 지향하는 점에서 마르틴 부버의 사상과 일맥상통한다. 이것은 다름 아닌 현대사회가 잊고 생활하는 소통의 부재를 꼬집는 것이다. 시인은 이처럼 사랑이란 굴레의 훈련을 톡톡히 받고서야 새롭게 탄생한 시 「코카콜라」에서 시적 대상을 사물로 향하여 그의 시적 의식과 눈을 전환시켜 변화를 주고 있다.

지금까지 그의 내면, 그의 가슴 속 혹은 그의 정신세계가 추구하는 심미적 대상을 향한 사랑과 애무와 빼앗김의 관계 선상에서 탈출하여 이제는 한 개 사물과의 관계를 통하여 사랑을 체득할 수 있는 폭 넓은 시도의 단계에 들어섰다. 이것이 바로 시의 힘이자 시인의 동적, 정적 에너지인 것이다. 그래서 시인은 모든 예술장르를 불문하고 유일하게 사물과 사람과 육체와 영혼을 넘나들면서 한 개의 혹은 수 천, 수 만 개의 지적 소산을 생산해 낼 수 있는 것이다. 그리고 다시 문명적 물질에서 더 한층 진보하여 자연현상이 빚어낸 사물과 밀착되어 좀 더 포괄적인 사랑으로 이동하게 된다.

노란 속에는
천년을 앓아 산꽃이 된 여인의 눈물이 들었다
모가지 긴 신음소리도 박혔다
하얀 속살
세월의 떫은맛 우려내면

깊고도 단 여인의 젖은 목소리 살아난다
천둥소리도 비켜가는 숲 향내 살아난다

언제나 바람은 흠집을 남기는 법
뒤돌아 앉은 것들의 뒤통수에는
무방비의 고단한 일상들이
온몸 드러내고 있어

가볍지 않은 묵은 먼지를
깊은 향이 묵묵히 적셔낸다

열망의 숨결 걸러낸
무심히 세상을 비끼는 눈빛이 달다

– 「모과 2」 전문

시인은 노란 모과에서 여인의 눈물과 신음소리를 삭이고 오랜 세월을 지내오면서, 단 맛이 아닌 떫은맛을 음미한다. 모과를 숙성시켜 생의 모순과 역기능적인 모습을 인지하고 난 그 이후의 긍정적인 삶의 모습을 미리 예견하고 있는 듯 시적 뉘앙스가 1연과 2연에 차분하게 드러나고 있다.

숙성된 모과에서 여인의 감미로운 목소리가 살아난다. 이

윽고 "천둥소리도 비껴가는 숲 향내"가 은은하게 퍼지고 있다. 모든 인생이 그렇듯이 바람이 낸 "흠집"과 "뒤통수"에 압력을 가하는 "고단한 일상"과 "묵은 먼지를" 깊게 우려낸 모과 향이 한바탕 채로 걸러내듯 정화시키고 있다. 그리고 이 모든 것을 극복하려는 "열망의 숨결"속에서 찾아낸 "눈빛이 달다"는 표현으로 의지를 표명한다. 많은 사람들이 아픔과 고난을 두려워서 피하고 싶어 한다. 그러나 소원이 뜻대로 실현된다면 그 얼마나 좋은가. 시인은 세상살이의 방법론적인 면을 그의 시적인 테마로 삼아, 자신의 남은 인생에 찾아올 또 다른 영혼의 굴레를 초월한 단계에 이르기 위해서 애쓰고 있다. 「모과2」는 자신의 경험을 독자와 함께 나누고픈 마음이 충분히 스며있는 시로 볼 수 있다.

4.

인생은 참으로 고단한 여정임에 틀림없다. 제 3부로 넘어오면서 삶을 향한 시인의 경지는 힘을 받는다. 그리고 무엇인가를 읽어내고자 하는 정신의 엔진이 힘차게 가동되고 있다. 이는 그가 시에서 읊어대는 시적 소재가 인생을 관조하며 체득한 것이기에 가능하다.

당신 가슴에 잠시 머물게요
새벽달 깜박이는 어둠을 헤치고
아련하게 당신 망막에 잠시 스칠게요
허공에 떠돌아다니는 제 목소리는 잊어주세요
짧은 봄밤 더듬이 허우적거릴 적마다
꽃잎이 멍들어가요

푸르게 눈부신 은행나무 그늘에
천천히 곤두박질하는 거미의 꿈
집착은 결핍의 응고물이죠

–「체류자」 부분

위의 시에서 시적 화자는 삶의 중심을 잡아 줄 단초를 발견한다. 연신 "푸르게 눈부신 은행나무 그늘에 / 천천히 곤두박질하는 거미의 꿈"과 끝없는 "집착은 결핍의 응고물이죠"와 같은 시구에서 그는 중요한 생각거리 하나를 제공받는다. 인간은 예외 없이 누구나 한 번은 이 세상을 떠나기 마련이다. 그들이 모두 이 땅의 체류자임을 분명히 인식시키고 있다. 아무리 푸르게 눈부신 은행나무라도 그 숨은 그늘을 보면 수많은 사물과 사람이 서로 교차되어 고난을 겪게 마련이다. 그렇기에 집착은 금물이다. 무모한 집착은 또 다른 결핍으로부터 오는 부산물이다. 단순한 결핍이 아닌, 무수히 많은 세월과 만남과 탐욕으로부터 저질러진 죄의 결과가 빚어낸 응고 덩어리인 것이다. 그러므로 이 덩어리를 도려내지 않고, 계속해서 집착한다면 그 때는 예견치 못한 일들로 인하여 인간 스스로가 불행을 자초하게 된다. 다행히도 2연에서 "야윈 달이 지고" 있지만 연신 "꿈틀대는 어둠의 저항"이 있기에 미래는 반드시 빛난다는 것을 예고한다. 연이어 3연의 "이제 떠날게요"라는 장면은 "당신이 흘러내리는 어디서든 / 닿을 수 있을 테니까요"라는 믿음 하에 잠시 머무르다가 떠난 세상 그 후에, 다시 만날 수 있는 또 다른 본향으로의 진입을 꿈꾸게 한다.

바람을 타고 건너오는 불안한 어둠이
사방을 둘러치며 암울한 그림자를 먼저 던질 때도 있었지
소멸되지 않는 당신의 사랑은
스러지지 않는 별처럼 내 가슴에 박혀 허둥거리는 순간을 비추었지

축축한 불빛은 어디에나 있어
우리는 불의 나라에 살고 있어
젖으면 말리고 막히면 뚫는 믿음이 있어
부러뜨리지 말고 잊지 말고
눈이 붓고 이마에 열이 오르더라도
힘들어 기침이 벚꽃처럼 번질지라도

처음 던졌던 눈빛과
뜨거운 열망으로 덫을 빠져나가리
뻔뻔한 망각을 깨뜨리고
웅크리지 않는 붉은 마음 하나 있으면 돼

그대의 눈물을 털어먹고 오늘 단 꿈 꾸네

－「그대의 흐르는 눈물」 부분

이 시에서는 불안과 평안이 공존하고 있다, 처음과 나중, 생성과 소멸 그리고 영원의 공존이 그것이다. 세상에는 이처럼 음과 양, 선과 악의 현상들이 공존이란 큰 틀 안에서 서로 대립하고, 경쟁하기도 하면서 인생의 굴레를 서서히 변화시키고 있다.

그러나 결과론적인 면에서 볼 때, 시인은 어떤 경우에도

소멸되지 않는 당신의 사랑을 열망한다. 여기서 '당신'은 읽은 이의 심상이 만들어낸 사랑의 대상일 수도 있고, 절대자 혹은 숭고한 사상으로 읽힐 수 있는데, 단지 우리가 발견할 수 있는 건 시적 화자가 "그대"에게로 이동했다는 것이다. 여러 편의 시를 읽는 동안 시인은 시적 화자의 위치를 자신의 슬픔과 아픔에서 사물로 옮겨 또 다른 당신인 "그대"에게로 이동시켜 놓고 그 꿈을 함께 이루길 원한다. 이것이 바로 멀고도 험한 인생길을 지나오면서 그것을 극복한 자들만이 부를 수 있는 진정한 노래인 것이다.

5.

제 4부에서, 시인은 어느덧 사계절을 초월하여 봄(「꽃의 상처」)과 겨울(「겨울 강」) 그리고 영원한 사랑(「멈출 수 없는 사랑」)에 대한 심상을 지닐 만큼 삶의 관조자로 거듭나게 되었다. 그는 비로소 "꽃의 상처"를 보고, 모진 바람 불어 지치는 "겨울 강"을 바라보며, 이어서 "멈출 수 없는 영원한 사랑"을 노래하기에 이르렀다. 시인이 여기에 오기까지 참으로 고단한 삶의 과정을 숱하게 거쳤다. 이와 같이 시는 인생과 사랑과 그 안에 담겨진 한 사람의 철학이란 렌즈를 통해 충분히 관찰된 삶의 내면과 이면의 현상을 생명나무를 거쳐서 산출해낸 열매라고 할 수 있다. 그러므로 시를 읽는 이들의 즐거움을 더할 수 있는 것이다.

꽃들이 손톱을 세운다
향기 일렁이는 나라에 방패는 가시 뿐
소리 없는 도둑의 손을

찌르고 할퀸다

허황한 꿈을 꾸고
미친바람을 사랑하는 유령의 땅에서
흔적마저 구름 따라 지워지는 날

그늘이 깊어지고 차가워져
꽃을 꿈꾸지 않는다
가시만 우거지는 그늘의 나라

– 「꽃의 상처」 부분

무엇을 알고 싶은가? 이 세상은 강한자만이 살아남는 약육강식이 통용되는 것처럼 보이지만 실은 그렇게 될 수 없는 항변의 시가 숨 쉬고 있다. 비록 꽃들이 손톱을 세워 방어를 시도하지만, 향기가 일렁이는 나라에 방패는 그 어느 것도 아닌 "가시"뿐이듯 "소리 없는 도둑의 손을 찌르고 할퀴"는 이 세상은 결국 고만고만한 양심이 살아있는 사람들에 의해서 악惡이 점차 소멸되는 권선징악의 원리를 가져온다. 이 시에서 우리는 서로 상반된 존재를 발견할 수 있다. 허황된 행복과 가치의 지향점을 잃고 집착하는 결핍된 영혼들의 몸짓은 결코 꽃을 피울 수 없다. 결국 생명이 공존하지 못하는 지옥과도 같은 공간으로 떨어질 수밖에 없음을 반증하는 것이다. 시인은 그의 시 「겨울 강」에서도 "끝끝내 제 사랑 안에 갇힌 겨울 강"을 제시하면서 이 시대를 살아가는 모든 사물과 사람들이 "너와 나"를 사랑하고 기억하는 초월적 존재로서의 삶을 기원하고 있다.

권순자 시인은 시 「멈출 수 없는 사랑」에서 그녀의 독자들을 위하여, 끝 연에서 제시하듯 "그대의 사랑과 전설은 내 가슴에 남아 / 내가 읽는 경전이 될 거야"라는 시구로 그들의 마음을 흠뻑 젖게 한다. 시인이 걸어온 삶의 길, 경험했던 사랑의 온갖 편린들을 통해서 현 시대를 치열하게 살다가 도중에 생의 레일에서 탈락하는 가여운 영혼들에게 시적 메시지를 화두삼아 던지고 있다. 기계적 문명을 이데올로기로 섬겨 그 독안에서 투쟁하지 말고 때로는 자신을 버리기도 하고, 혹은 멀리 떠나서 내 안의 참된 자아를 일깨워 삶의 가치를 발견해야 한다. 그런 의미에서 시인이 제시한 『낭만적인 악수』에 응하여 마음으로 소통하는 지혜를 배워야겠다. 그 악수에 우리들의 손이 사뿐히 얹히기를 소망하며, 인간성 상실의 벽 앞에서 고뇌하는 모든 이들에게 값진 용기와 따듯한 위로를 전한다.

포엠포엠 시인선 004

낭만적인 악수

권순자 시집 · 2012

초판 발행 | 2012년 12월 10일

지은이 **Writer**
권순자 Kwon, Soonja

펴낸이 **Publisher**
한창옥 Han, Changok 배성국 Bae, Sungguk

기획위원 **Plan Member**
고운기 Go, Ungi 이문재 Lee, Munjae
이영광 Lee, Yeongkwang 김혜영 Kim, Hyeyoung

펴낸곳 Publishing Company
POEMPOEM 계간 **포엠포엠**

출판등록 **Publishing No.**
25100-2012-000083

본 사 | 서울시 송파구 잠실로 62 트리지움 308동 1603호 (138-890)
편집실 | 부산시 해운대구 마린시티 3로 37 한일오르듀 1322호 (612-824)
C.P. 017-563-0347 TEL. 02-413-7888 TEL/FAX. 051-911-3888
메 일 | poempoem@hanmail.net
카 페 | http://cafe.daum.net/sipoems/

제작 및 공급처 | 산업디자인전문회사 두손컴

정가 **10,000원**

ISBN 978-89-969275-3-2-03810